AF340102

PASCAL ET LES PENSÉES.

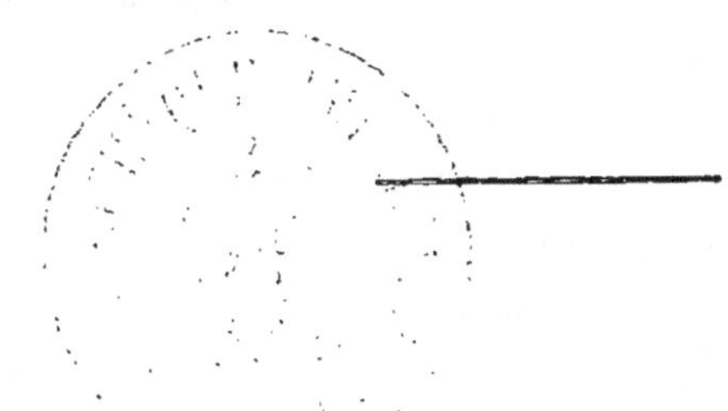

La vie d'un grand homme est toujours un objet de curiosité. Celle de Pascal intéresse en outre par les lumières qu'elle répand sur le caractère de son œuvre et la direction de son génie.

Blaise Pascal naquit à Clermont-Ferrand, le 19 juin 1623. Son père, Etienne Pascal, second président de la Cour des aides de sa province, ayant eu le malheur de perdre sa femme dès l'année 1626, et désirant se consacrer tout entier à l'éducation de ses enfants (Gilberte, Blaise, Jacqueline), quitta l'Auvergne et vint se fixer à Paris en 1631.

Ce magistrat, qui sacrifiait sa position à ses devoirs de père, n'était pas un homme du commun. On peut juger de sa valeur intellectuelle et de ses connaissances par telle lettre qui nous reste de lui, par cette circonstance qu'arrivé à Paris, il forma, avec le P. Mersenne, Roberval, Carcavi, Le Pailleur et d'autres, un cercle scientifique, devenu plus tard le noyau de l'Académie des Sciences, surtout par ce fait authentique qu'il a été *le seul maître* non-seulement de ses filles, toutes deux fort distinguées, mais de Blaise Pascal lui-même.

Les particularités de l'éducation de Pascal sont connues de tout le monde. Une grande pénétration, une netteté d'esprit admirable, une ardeur de s'instruire qui voulait savoir la raison de tout, ne se payait point de défaites, et démêlait le fort et le faible des explications qu'on lui donnait, une précocité étonnante qui alarmait la sollicitude paternelle et déjouait ses plus pieuses précautions; telles sont les qualités qui signalèrent son enfance. Comme il se parlait beaucoup de sciences autour de lui, et qu'avant sa douzième année on l'avait vu entreprendre un traité du son, *tout à fait bien raisonné* (1), il était à craindre que son goût pour la physique et les mathématiques ne fît du tort à ses autres études, notamment à celle des langues anciennes. En conséquence, son père avait cru devoir provisoirement éloigner de lui tous les ouvrages qui auraient pu éveiller ou servir une curiosité trop précoce. Quel ne fut pas son étonnement de le trouver à quelque temps de là, Archimède de douze ans, en train de tracer des figures sur le sol de sa chambre et d'inventer la géométrie ! Sur une définition de cette science, très-approximative et qu'on lui avait jetée pour se défaire de ses importunités, Pascal s'était mis à l'œuvre et en était arrivé tout seul à la trente-deuxième proposition du premier livre d'Euclide.

Dès ce moment, il n'y avait plus à combattre une vocation si décidée. On lui donna les *Eléments* d'Euclide, pour les lire à ses heures de récréation ; et dès l'âge de seize ans, il avait rédigé son traité des *Sections coniques*, qui frappa d'admiration tous ceux qui le virent, Descartes en particulier (2). En même temps, il était admis à partager les travaux de l'espèce d'académie scientifique dont son père faisait partie, et il ne s'en montrait le membre ni le moins considéré, ni le moins productif. A deux ans de là, son père étant allé à Rouen, en qualité d'intendant pour la Normandie, afin de le soulager dans les énormes calculs qu'imposait cette charge, il inventa sa *machine arithmétique*. C'est aussi à cette époque de sa vie que se rapportent ses expériences personnelles de la tour Saint-Jacques et de Rouen pour la vérification des découvertes récentes de Torricelli, celles qu'il fit faire au Puy de Dôme par le mari de sa sœur aînée, et la composition de ses traités *Du vide* et de l'*Equilibre des liqueurs*, imprimés un peu plus tard.

Au milieu de ces occupations et aussi à travers quelques accès du mal qui devait abréger ses jours, Pascal avait atteint sa vingt-troisième année, lorsqu'un événement de peu d'importance vint produire dans sa pensée une révolution profonde quoique passagère. Son père s'était démis la cuisse eu tombant sur la glace. Des

(1) *Vie de Pascal*, par Mme Périer.

(2) De son propre aveu, pour cet ouvrage, Pascal devait beaucoup aux écrits d'un mathématicien lyonnais, du nom de Desargues.

gentilshommes rouennais (1), empressés à le secourir, ayant pris occasion de cet accident pour fréquenter sa maison, y apportèrent des ouvrages de Jansénius, de Saint-Cyran et même d'Arnauld. Cette lecture fit sur Pascal une impression d'autant plus vive que tout le disposait à s'en laisser toucher. Fidèle aux enseignements de son père, qui sur ce point peut-être devançait Descartes, il avait toujours mis les enseignements de la religion en un lieu inaccessible au doute et même au regard de la raison, ne jugeant pas qu'ils dussent lui être soumis. Tout prouve aussi que ses mœurs, à la hauteur de ses convictions, étaient demeurées d'une pureté irréprochable. Enfin, affligé déjà d'infirmités précoces et revenu des douceurs de la gloire pour en avoir prématurément épuisé les faveurs, il devait prendre un amer plaisir à ces secousses violentes par lesquelles l'austérité des maîtres du jansénisme se plaît à rabaisser la créature devant Dieu et le néant éphémère de ce monde devant la réalité immortelle de la véritable patrie. Quelque temps après, le soin de sa santé l'ayant conduit à Paris, en compagnie de sa sœur Jacqueline, il fréquenta l'église de Port-Royal et entendit les sermons de l'abbé Singlin. Cette austère parole acheva ce qu'on a nommé la première conversion de Pascal, et que M. Sainte-Beuve appelle *une vue extérieure* de Port-Royal.

Chose étrange! les conséquences en furent moins décisives pour Pascal lui-même que pour son entourage. L'aimable Gilberte, sa sœur aînée, devenue Mme Périer depuis six ans, se sépara du monde, sur ses avis, et se renferma dans l'accomplissement rigoureux de ses devoirs maternels. Jacqueline avait conçu le dessein d'entrer en religion ; il l'y affermit de toutes ses forces, et lui vit, cinq ans après, prendre le voile à Port-Royal (2). Il n'est pas jusqu'à son père, qui devait mourir quatre ans plus tard (1651), qui n'ait ressenti l'influence de son prosélytisme passager.

Quant à lui, son état de santé, qui empirait toujours, ayant paru réclamer un grand repos d'esprit et des distractions, il se reprit, pour ainsi dire, au monde et y demeura de vingt-cinq à trente et un ans, c'est-à-dire de 1648 à 1654. Il fréquenta alors le

---

(1) De la Bouteillerie et Deslandes, Mém. de Marguerite Périer.

(2) Au moment de la prise du voile, Pascal, déjà revenu au monde, aurait vu ce sacrifice avec un regret qui ne devait pas durer.

jeune duc de Roannez, qu'il devait entraîner plus tard dans sa conversion définitive, et connut par lui le chevalier de Méré et Miton, *libertins* déterminés, qui toutefois ne purent porter atteinte au fond de ses convictions. Suivant une conjecture très-plausible, ils lui rendirent même le service de le débarrasser d'une certaine *rouille provinciale* qu'il avait gardée jusqu'alors et d'un peu de raideur dans l'exposition, qu'il devait à des habitudes trop exclusivement scientifiques. Ce serait en leur compagnie qu'il aurait appris à distinguer l'*art d'agréer* de l'*art de convaincre*, et les procédés un peu lourds de l'*esprit de géométrie* d'avec la flexibilité alerte et multiple de l'*esprit de finesse* (1). En tout cas, il leur dut de jeter un regard sur un monde qu'il lui importait de connaître, ne fût-ce que pour l'humilier; et tout ce qu'il a pu dire plus tard sur le bon goût, le bon langage, l'air d'honnête homme, il le tirait apparemment de ce fameux carnet, dont Méré lui faisait un crime, et sur lequel on le voyait de temps à autre jeter à la dérobée quelques notes indéchiffrables. Alors aussi, après les orages tout intérieurs d'une *passion* qu'il parvint à contenir en lui-même, et qui lui inspira son beau *Discours des passions de l'amour*, il songea à acheter une charge et à se marier. C'est enfin à cette époque qu'il invente le *haquet* ou la *brouette du vinaigrier*, conçoit l'idée des *carrosses à cinq sols*, correspond avec Fermat, résout le problème *des partis* et publie son traité du *Triangle arithmétique*. Là s'arrêterait la liste des travaux scientifiques de Pascal, s'il n'y fallait joindre la solution du problème de la *roulette* ou de la *cycloïde*, trouvée cinq ans après, en 1659, pendant les longues insomnies que lui causaient ses souffrances.

Nous voici en 1654, l'année de la conversion définitive, si tant est qu'un pareil homme ait jamais eu besoin de conversion. Un billet étrange, qu'à sa mort on trouva cousu dans ses vêtements, nous apprend que dans la nuit du 23 novembre 1654, après plusieurs heures de fièvre et de *feu*, Pascal fit vœu de renoncer au *Dieu des philosophes et des savants*, pour se jeter dans les bras du *Dieu d'Abraham, d'Isaac et de Jacob*. On attribue d'ordinaire cette détermination au prétendu accident du pont de Neuilly. A nos

(1) Conjectures de M. François Collet.

yeux, l'anecdote est loin de mériter une entière créance (1). D'ailleurs, la résolution de Pascal est très-suffisamment expliquée par les dispositions intérieures de son âme et par les instances de sa sœur Jacqueline, qui depuis quelque temps lui rendait avec usure les pieuses exhortations qu'elle en avait autrefois reçues. Toujours est-il qu'il alla demander à Port-Royal un asile contre ses angoisses et ses incertitudes.

Les jansénistes recevaient dans la personne de leur nouvel hôte un ami et un puissant auxiliaire. Arnauld, sous le coup d'une censure qui devait le frapper en effet quelques mois plus tard, avait préparé une apologie dont il n'était pas satisfait. Quelqu'un de la compagnie dit à Pascal : « Vous qui êtes jeune, vous devriez faire quelque chose. » Il accepta sur l'heure ; et dans le courant de 1656, il fit paraître coup sur coup, sous le pseudonyme de Louis de Montalte, ces dix-neuf *Lettres à un provincial*, chef-d'œuvre d'ironie et d'éloquence, un des monuments les plus impérissables de notre langue, qui aurait sauvé le jansénisme s'il avait pu être sauvé, et qui, dans le cas où un oubli peu probable et immérité viendrait à couvrir un jour les grandes luttes théologiques de cette époque, en renouvellerait le souvenir dans la mémoire de la postérité la plus reculée.

La même année, il se fit à Port-Royal, en la personne de Marguerite Périer, la nièce de Pascal, un miracle, constaté par l'autorité diocésaine. Cette jeune fille, par la seule imposition de la sainte Epine, se trouva subitement guérie d'une fistule lacrymale du caractère le plus pernicieux. Les jansénistes en conclurent naturellement que Dieu se prononçait en faveur de ses élus persécutés. Quant à Pascal, oncle et parrain de la jeune *miraculée*, il y vit une

____

(1) Nous croyons devoir cependant reproduire cette anecdote.

Un jour de fête, en compagnie de quelques amis, Pascal se rendait à Neuilly dans un carrosse attelé de quatre ou même de six chevaux. En passant sur le pont, dépourvu de garde-fous, les chevaux de volée s'emportent et tombent dans la rivière ; les traits rompent sous le poids, et le carrosse demeure suspendu comme par miracle au bord du précipice. Depuis lors, au dire de l'abbé Boileau, Pascal croyait toujours voir à son côté gauche un abîme entr'ouvert *et y faisait mettre une chaise pour se rassurer.*

Le fait, consigné dans un manuscrit de l'Oratoire, aurait été révélé par Mme Périer à son ami de Barillon, et par celui-ci à M. Arnoul, curé de Chambourcy, qui le transmit aux Oratoriens.

preuve que Dieu agréait son sacrifice et une raison d'y persévérer.

En conséquence, il forma le projet de consacrer à la seule cause de la religion le peu qu'il pouvait lui rester d'années, et notamment d'écrire un livre destiné à la conversion des athées et des *libertins*. Malheureusement, ses forces n'étaient à la hauteur ni de son courage ni d'une pareille entreprise. Sa santé devenait de jour en jour plus mauvaise. Digestions nulles ou difficiles, maux de dents furieux, coliques violentes, insomnies prolongées, tel est le triste cortége de maux au milieu desquels il passa les derniers temps de sa vie. Le peu de répit qu'ils lui laissaient, il l'employait à relire les Ecritures, à prendre des notes, à jeter sur le papier, sans ordre ni suite, de rapides esquisses et des ébauches imparfaites. C'est de là que sont sorties les *Pensées*.

Du reste, il s'enfonçait de jour en jour davantage dans les pratiques d'un ascétisme si austère ou si violent qu'on se croit en présence tantôt d'un fanatique, tantôt d'un saint.

Mme Périer se disposait à marier sa fille Jacqueline. Pascal, au nom de ses amis consultés, lui écrit qu'elle ne peut, sans blesser la charité et sa conscience *mortellement*, et se rendre coupable d'*un des plus grands crimes*, engager cette enfant *à la plus basse et à la plus périlleuse* des conditions du christianisme. Un peu plus loin, il traite cet acte si naturel d'*homicide* et de *déicide*. Mlle de Roannez, peut-être endoctrinée par lui, montrait peu de goût pour le monde ; il la pousse vers le cloître sans vocation bien prononcée et malgré la volonté formelle de ses parents. Il se couvre d'un cilice dont il s'enfonce les pointes dans le corps aux moindres suggestions de la vanité et de l'amour-propre ; il soumet son estomac à un régime invariable sans tenir compte de l'appétit ou de la satiété, s'interdit, de peur de sensualité, de goûter ses aliments, et s'exerce à brutaliser ses gens et sa sœur, pour les détourner de l'aimer.

D'un autre côté, il supporte ses douleurs avec une résignation sans égale, verse dans le sein des pauvres d'abondantes aumônes, malgré la modicité de ses revenus, tire de la misère une pauvre orpheline, abrite sous son toit une famille sans ressources, et quand une maladie contagieuse d'un de ses protégés ferme sa porte à ceux dont les secours lui sont indispensables, c'est lui qui sort de sa demeure plutôt que d'en faire sortir un malheureux.

Cette maison qu'il abandonnait par charité, il ne devait plus la revoir. Transporté chez Mme Périer (1), il y expirait le 19 août 1662, à l'âge de trente-neuf ans, dans les sentiments d'une piété touchante et aussi d'un jansénisme exalté. Sa sœur Jacqueline l'avait précédé de dix mois au tombeau.

Les médecins qui firent l'autopsie du cadavre constatèrent « au dedans du crâne, vis-à-vis les ventricules du cerveau, deux impressions comme du doigt dans de la cire, qui étaient pleines d'un sang caillé et corrompu qui avait commencé de gangrener la dure-mère (2). »

Nous n'avons point à parler ici de l'œuvre scientifique de Pascal, et nous aurions trop à dire de ses *Provinciales*. Passons tout de suite aux *Pensées* ; et d'abord, un mot de leur histoire.

Les *Pensées* ne sont pas un ouvrage, mais les matériaux d'un ouvrage que Pascal avait projeté. Nous avons dit comment, en attendant un retour de santé, il jetait au hasard, sur des bouts de papier, des vues, des idées, des indications rapides, quelques développements où l'entrainait le feu de la conception, parfois des expressions ou des tournures, en un mot tout ce qu'il pensait pouvoir un jour utiliser pour son dessein.

Au moment de sa mort, il n'eût pas été sûr pour les jansénistes de livrer à la critique de leurs adversaires ces fragments tout imprégnés des passions du parti, et d'autant plus dangereux que leur forme souvent elliptique pouvait se prêter à toute sorte d'interprétations. Mais, après la paix éphémère de Clément IX, ils jugèrent le moment venu de sortir d'une réserve, au moins nuisible à la mémoire de leur ami.

En conséquence, ils fouillèrent une fois encore dans ses papiers, en tirèrent ces lambeaux *enfilés en diverses liasses*, les collèrent soigneusement sur les feuilles d'un cahier, en firent faire une copie, demandèrent une biographie à Mme Périer, un avant-propos à son fils Etienne, enfin se mirent en devoir de préparer une édition.

Mais cette édition, comment devait-elle se faire ? Fallait-il, en

---

(1) La maison de Pascal était près et hors la porte Saint-Michel. Sa sœur habitait rue neuve-Saint-Etienne, la maison qui portait, il y a quelques mois, le numéro 8, mais qu'on vient de démolir.

(2) Mém. de Marguerite Périer.

publiant indistinctement toutes les *Pensées*, qu'elles fussent claires ou ambiguës, revêtues d'une forme définitive ou simplement ébauchées, s'exposer à compromettre après coup la gloire de Pascal? Fallait-il, au contraire, ajouter, retrancher, corriger et servir en somme au public une œuvre différente de la sienne? Ne valait-il pas mieux faire un choix discret dans cet héritage précieux mais incohérent, et ménager à la fois les susceptibilités des lecteurs et la renommée de l'écrivain? C'est à ce dernier parti que l'on s'arrêta, en se promettant de *ne rien ajouter ni changer*. Mais qu'il s'en faut que cette promesse ait été tenue! L'édition de Port-Royal, comparée au texte manuscrit, laisse apercevoir à chaque page et souvent à chaque ligne des altérations de mots, de tours, de pensée véritablement intolérables.

Tel quel, ce recueil parut en 1670. Depuis cette époque jusqu'à 1842, les éditions des *Pensées* se multiplièrent; on cite celles du P. Des Molets, de Condorcet, de Bossut. Les efforts des éditeurs tendirent surtout à compléter le travail de Port-Royal; mais pas un ne songea à profiter du manuscrit déposé à la bibliothèque royale, pour redresser les écarts de la première édition et rentrer en possession du texte véritable.

Enfin, en 1842, Victor Cousin apprit à l'Europe étonnée que la véritable édition des *Pensées* de Pascal était à faire, et dans une étude qui demeure un de ses plus beaux titres de gloire, il se mit lui-même à la préparer.

Deux ans après, elle était donnée au public par M. Prosper Faugère, et depuis, M. E. Havet en a publié une plus complète, à laquelle nous avons emprunté la plus grande partie de ces détails.

Quant aux travaux dont les *Pensées* ont été l'objet ou l'occasion, ils sont à peu près innombrables. Outre l'étude de Cousin, on cite celles de MM. Villemain, Sainte-Beuve, Nisard, Bordas-Dumoulin, Henri Martin, Prévost-Paradol, etc.

On le comprend sans peine, il n'entre pas dans notre dessein d'essayer une analyse des *Pensées* de Pascal. Du moins, sur les indications que fournissent Pascal lui-même, Marguerite Périer et surtout Etienne Périer, il n'est pas impossible de se faire une idée sommaire de ce qu'aurait été l'ouvrage s'il avait été conduit à sa perfection. Les lignes suivantes, que nous empruntons à M. Franck, contiennent une esquisse des plus nettes de l'objet que se proposait l'auteur. « Après avoir fait la peinture de l'état présent de l'homme, avec sa grandeur et sa bassesse, ses infirmités et ses avantages, et le peu de lumière qui lui reste au milieu des ténèbres, il devait montrer combien la philosophie, c'est-à-dire la raison, est impuissante à lui expliquer ces contrariétés, et combien elle est elle-même pleine de contradictions, de faiblesses et d'erreurs. La philosophie une fois écartée, il devait passer en revue les différents systèmes religieux qui ont régné sur le monde en dehors du peuple juif et de l'Eglise chrétienne. Les religions convaincues à leur tour ou d'imposture ou de folie, il démontrait la vérité du christianisme par l'histoire du peuple juif, les livres saints, les prophéties, les miracles, le péché originel, la promesse d'une rédemption, la vie, la personne et la doctrine de Jésus-Christ, le caractère de ses apôtres et les moyens qui ont servi à l'établissement de son Eglise. Pascal, dans cette œuvre magnifique, pour l'exécution de laquelle il demandait dix ans de bonne santé, ne voulait pas moins s'adresser à l'imagination et au cœur qu'à l'esprit. A la faveur de la forme épistolaire, peut-être aussi du dialogue, elle devait réunir tous les genres et tous les tons : la dialectique et la passion, l'ironie et le langage sévère de l'enseignement (1). »

C'est d'après ce plan et suivant cet ordre présumés que tous les éditeurs de Pascal ont essayé de ranger la multitude éparse de ses pensées. M. Havet, le dernier venu, les a en outre distribuées en vingt-cinq articles à peu près d'égale longueur. Pour nous, après avoir averti que rien ne peut dispenser de la lecture du texte lui-même, nous citerons parmi les pensées, celles qui nous paraissent de nature à mettre le mieux en lumière le but que poursuivait Pascal.

L'homme a une certaine grandeur et elle lui vient tout entière de la pensée.

« L'homme n'est qu'un roseau, le plus faible de la nature ; mais c'est un roseau pensant. Il ne faut pas que l'univers entier s'arme pour l'écraser. Une vapeur, une goutte d'eau suffit pour le tuer. Mais quand l'univers l'écraserait, l'homme serait encore plus noble

______

(1) *Dict. des sciences philosophiques*, Art. Pascal.

que ce qui le tue, parce qu’il sait qu’il meurt, et l’avantage que l’univers a sur lui, l’univers n’en sait rien. »

« La grandeur de l’homme est grande en ce qu’il se connait misérable. Un arbre ne se connaît pas misérable. C’est donc être misérable que de se connaître misérable ; mais c’est être grand que de connaître qu’on est misérable. Toutes ces misères-là mêmes prouvent sa grandeur. Ce sont misères de grand seigneur, misères d’un roi dépossédé. »

Mais d’un autre côté la bassesse éclate, pour ainsi dire, dans sa sensibilité, sa volonté, sa raison.

La sensibilité est une source d’inquiétudes et de tortures continuelles.

« Notre condition est faible, mortelle, et si misérable, que rien ne peut nous consoler, lorsque nous y pensons de près. »

« La seule chose qui nous console de nos misères est le divertissement, et cependant c’est la plus grande de nos misères. »

« Les hommes n’ayant pu guérir la mort, la misère, l’ignorance, se sont avisés, pour se rendre heureux, de ne point y penser. »

« Prenez-y garde. Qu’est-ce autre chose d’être surintendant, chancelier, premier président, sinon d’être en une condition où l’on a dès le matin un grand nombre de gens qui viennent de tous côtés pour ne leur laisser pas une heure en la journée où ils puissent penser à eux-mêmes ? »

« D’où vient que cet homme, qui a perdu depuis peu de mois son fils unique, et qui, accablé de procès et de querelles, était ce matin si troublé, n’y pense plus maintenant ? Ne vous en étonnez pas : il est tout occupé à voir par où passera ce sanglier que les chiens poursuivent avec tant d’ardeur depuis six heures. »

La **volonté**, faute de principes solides, se traine à la remorque de la mode, de la coutume, du hasard. Ce qu’on appelle justice est une affaire de convention, et le droit, chose horrible, a le plus ordinairement la force pour point de départ.

« La chose la plus importante à toute la vie, c’est le choix du métier ; le hasard en dispose. La coutume fait les maçons, soldats, couvreurs. »

« Comme la mode fait l’agrément, aussi fait-elle la justice. »

« La coutume fait toute l’équité par cela seul qu’elle est reçue. »

« On ne voit presque rien de juste ou d’injuste qui ne change de qualité en changeant de climat. Trois degrés d'élévation du pôle renversent toute la jurisprudence. Un méridien décide de la vérité; en peu d'années de possession, les lois fondamentales changent; le droit a ses époques. L'entrée de Saturne au Lion nous marque l'origine d'un tel crime. Plaisante justice qu'une rivière borne! Vérité au deçà des Pyrénées, erreur au delà. »

« Se peut-il rien de plus plaisant qu'un homme ait le droit de me tuer, parce qu'il demeure au delà de l'eau, et que son prince a querelle contre le mien? »

« La force est la reine du monde, et non pas l'opinion. »

« Ne pouvant faire que ce qui est juste fût fort, on a fait que ce qui est fort fût juste. De là vient le droit de l'épée; car l'épée donne un véritable droit. »

La raison enfin est de toutes nos puissances la plus misérable, aux yeux de Pascal, qui la déclare, après Montaigne, *ployable à tous sens.*

« Qu'est-ce que l'homme dans la nature? Un néant à l'égard de l'infini, un tout à l'égard du néant, un milieu entre rien et tout. Infiniment éloigné de comprendre les extrêmes, la fin des choses et leur principe sont pour lui invinciblement cachés dans un secret impénétrable, également incapable de voir le néant d'où il est tiré, et l'infini où il est englouti. Que fera-t-il donc, sinon d'apercevoir quelque apparence du milieu des choses, dans un désespoir éternel de connaître ni leur principe, ni leur fin ? »

« Trop de vérité nous étonne; j'en sais qui ne peuvent comprendre que qui de zéro ôte quatre reste zéro. Les premiers principes ont trop d'évidence pour nous. »

« Rien ne fortifie plus le pyrrhonisme que ce qu'il y en a qui ne sont point pyrrhoniens. Si tous l'étaient, ils auraient tort. »

« Si on est trop jeune, on ne juge pas bien ; trop vieil, de même. Si on n'y songe pas assez... si on y songe trop, on s'entête et on s'en coiffe. Si on considère un ouvrage incontinent après l'avoir fait, on en est encore tout prévenu, si trop longtemps après on n'y entre plus. »

« L'imagination... cette maîtresse d'erreur et de fausseté... fait croire, douter, nier la raison; elle suspend les sens; elle les fait sentir. »

« Renversement continuel du pour au contre. »

« Rien n'est purement vrai et ainsi rien n'est vrai en l'entendant du pur vrai... Nous n'avons ni vrai ni bien qu'en partie et mêlé de mal et de faux. »

Il serait cependant de la dernière importance pour l'homme de sortir de cette misère, et notamment d'arriver à quelque lumière sur sa véritable destinée. L'indifférence de certains hommes à ce sujet fait horreur.

« L'immortalité de l'âme est une chose qui nous importe si fort, qui nous touche si profondément, qu'il faut avoir perdu tout sentiment pour être dans l'indifférence de savoir ce qui en est. Toutes nos actions et nos pensées doivent prendre des routes si différentes, selon qu'il y aura des biens éternels à espérer ou non, qu'il est impossible de faire une démarche avec sens et jugement, qu'en la réglant par la vue de ce point, qui doit être notre dernier objet. »

« Je trouve bon qu'on n'approfondisse pas l'opinion de Copernic. Mais ceci !... Il importe à toute la vie de savoir si l'âme est mortelle ou immortelle. »

« La mort qui nous menace à chaque instant doit infailliblement nous mettre, dans peu d'années, dans l'horrible nécessité d'être éternellement ou anéantis ou malheureux. Il n'y a rien de plus réel que cela ni de plus terrible. Faisons tant que nous voudrons les braves, voilà la fin qui attend la plus belle vie du monde. »

« Un homme dans un cachot, ne sachant si son arrêt est donné, n'ayant plus qu'une heure pour l'apprendre, cette heure suffisant, s'il sait qu'il est donné, pour le faire révoquer, il est contre nature qu'il emploie cette heure-là non à s'informer si cet arrêt est donné, mais à jouer au piquet. »

On a pu voir précédemment combien il faut peu compter sur la raison pour la solution du problème de notre destinée. C'est la religion seule qui peut nous éclairer là-dessus.

« Connaissez donc, superbe, quel paradoxe vous êtes à vous-même. Humiliez-vous, raison impuissante ; taisez-vous, nature imbécile ; apprenez que l'homme passe infiniment l'homme, et entendez de votre maître votre condition véritable que vous ignorez. Ecoutez Dieu. »

« C'est en vain, ô hommes, que vous cherchez dans vous-mêmes le remède à vos misères. Toutes vos lumières ne peuvent arriver qu'à connaître que ce n'est point dans vous-mêmes que vous trouverez ni la vérité ni le bien. Les philosophes vous l'ont promis et ils n'ont pu le faire. Ils ne savent ni quel est votre bien, ni quel est votre véritable état. Comment auraient-ils donné des remèdes à vos maux, puisqu'ils ne les ont pas seulement connus ?... Je puis seule (c'est la religion qui parle) vous faire entendre qui vous êtes. »

Enfin, la religion chrétienne se reconnaît, à des marques certaines, pour la véritable religion.

« Qu'on considère que, depuis le commencement du monde, l'attente ou l'adoration du Messie subsiste sans interruption ; qu'il s'est trouvé des hommes qui ont dit que Dieu leur avait révélé qu'il devait naître un rédempteur qui sauverait son peuple ; qu'Abraham est venu ensuite dire qu'il avait eu une révélation qu'il naîtrait de lui par un fils qu'il aurait ; que Jacob a déclaré que de ses douze enfants il naîtrait de Juda ; que Moïse et les prophètes sont venus ensuite déclarer le temps et la manière de sa venue ; qu'ils ont dit que la loi qu'ils avaient n'était qu'en attendant celle du Messie, que jusque-là elle serait perpétuelle, mais que l'autre durerait éternellement, qu'ainsi leur loi ou celle du Messie, dont elle était la promesse, serait toujours sur la terre ; qu'en effet elle a toujours duré ; qu'enfin Jésus-Christ est venu dans toutes les circonstances prédites, cela est admirable. »

« Ce qui est admirable, incontestable et tout à fait divin, c'est que cette religion, qui a toujours duré, a toujours été combattue. Mille fois elle a été à la veille d'une destruction universelle, et toutes les fois qu'elle a été en cet état, Dieu l'a relevée par des coups extraordinaires de sa puissance. »

« Il faut, pour qu'une religion soit vraie, qu'elle ait connu notre nature. Elle doit avoir connu la grandeur et la petitesse, et la raison de l'une et de l'autre. Qui l'a connue, que la chrétienne? »

« Notre religion est si divine qu'une autre religion divine n'en est que le fondement. »

« Tout homme peut faire ce qu'a fait Mahomet ; car il n'a point fait de miracles, il n'a point été prédit. Nul homme ne peut faire ce qu'a fait Jésus-Christ. »

Encore une fois, il s'en faut bien que ces citations puissent donner une idée quelque peu exacte des *Pensées*. En dehors de ce cadre étroit, il s'y trouve un monde d'analyses délicates, de vues ingénieuses, de caractères fortement dessinés, d'aphorismes incisifs, de mordantes satires, d'exclamations éloquentes, ou même de flagrantes contradictions. En voici quelques échantillons, recueillis absolument au hasard.

« Il faut savoir douter où il faut, assurer où il faut, se soumettre où il faut. »

« La dernière démarche de la raison, c'est de connaître qu'il y a une infinité de choses qui la surpassent. »

« Deux excès : exclure la raison, n'admettre que la raison. »

« Tant s'en faut que d'avoir ouï dire une chose soit la règle de votre créance que vous ne devez rien croire sans vous mettre en l'état comme si vous ne l'aviez jamais ouï. C'est le consentement de vous-même à vous-même, et la voix constante de votre raison, et non des autres, qui doit vous faire croire. »

« La raison nous commande bien plus impérieusement qu'un maître ; car, en désobéissant à l'un, on est malheureux ; en désobéissant à l'autre, on est un sot. »

« Vous voulez aller à la foi et vous n'en savez pas le chemin ; vous voulez vous guérir de l'infidélité et vous en demandez les remèdes ! apprenez de ceux qui ont été liés comme vous... suivez la manière par où ils ont commencé ; c'est en faisant tout comme s'ils croyaient, en prenant de l'eau bénite, en faisant dire des messes, etc. Naturellement même, cela vous fera croire et vous *abêtira*. — Mais c'est ce que je crains. — Et pourquoi ? Qu'avez-vous à perdre ? »

« Je blâme également ceux qui prennent parti de louer l'homme et ceux qui le prennent de le blâmer, et ceux qui le prennent de se divertir, et je ne puis approuver que ceux qui cherchent en gémissant. »

« S'il se vante, je l'abaisse ; s'il s'abaisse, je le vante, et le contredis toujours jusqu'à ce qu'il comprenne qu'il est un monstre incompréhensible. »

« L'esprit de ce souverain juge du monde n'est pas si indépendant qu'il ne soit sujet à être troublé par le premier tintamarre qui se fait autour de lui. Il ne faut pas le bruit d'un canon pour empêcher ses pensées ; il ne faut que le bruit d'une girouette ou d'une poulie. Ne vous étonnez pas s'il ne raisonne pas bien à présent ;

une mouche bourdonne à ses oreilles ; c'en est assez pour le rendre incapable de bon conseil. Si vous voulez qu'il puisse trouver la vérité, chassez cet animal qui tient sa raison en échec. »

« Le nez de Cléopâtre, s'il eût été plus court, toute la face de la terre aurait été changée. »

« Cromwell allait ravager toute la chrétienté... sans un petit grain de sable qui se mit dans son uretère. »

« Voulez-vous qu'on croie du bien de vous ? n'en dites point. »

« Diseur de bons mots, mauvais caractère. »

« Notre propre intérêt est encore un merveilleux instrument pour nous crever les yeux agréablement. »

« Jamais on ne fait le mal si pleinement et si gaiement que quand on le fait par conscience. »

« C'est une chose horrible de sentir s'écouler tout ce qu'on possède. »

« Le dernier acte est sanglant, quelque belle que soit la comédie en tout le reste. On jette enfin de la terre sur la tête, et en voilà pour jamais. »

Dans toutes les éditions, mais surtout dans les plus récentes, à côté des *Pensées* proprement dites, on a cru devoir imprimer un certain nombre d'opuscules, qui en sont à la fois le complément et le meilleur commentaire. Voici leurs titres, dans l'ordre probable de leur production : *Fragment d'un traité sur le vide*, ou *De l'autorité en matière de philosophie ; Prière pour demander à Dieu le bon usage des maladies ; Discours sur les passions de l'amour ; Lettre sur la mort de M. Pascal le père ; l'Esprit géométrique*, contenant des *réflexions sur la géométrie en général* et *l'Art de persuader ; Entretien avec M. de Saci sur Epictète et Montaigne ; Conversion du pécheur ; Comparaison des chrétiens des premiers temps avec ceux d'aujourd'hui ; Trois discours sur la condition des grands ; Neuf extraits de lettres à Mlle de Roannez*.

Le *Fragment du vide* et l'*Esprit géométrique* sont, pour nous, au point de vue philosophique, l'objet d'une analyse spéciale, qui nous dispense d'en rien dire ici.

La *Prière pour la maladie* a bien tous les caractères d'une prière ; c'est une longue effusion d'une âme blessée qui se plonge dans le sein de Dieu. En fait de renoncement mystique, on ne saurait mieux la comparer qu'à certains chapitres de l'*Imitation*. Les idées en sont peu nombreuses, mais conformes à tout ce que Pascal a fait et professé dans la suite. Le jeune malade voit dans ses souffrances un juste châtiment de l'oubli de Dieu où il a vécu, et le bienfait d'une mort anticipée qui vient le soustraire aux séductions du monde, c'est-à-dire du néant. Incapable par lui-même de vouloir le bien, il supplie Dieu de se substituer à sa volonté. « Mon Dieu, » dit-il, « je vous rends grâces des bons mouvements que vous me donnez et de celui même que vous me donnez de vous en rendre grâces. »

Le *Discours sur les passions de l'amour* est une pièce unique dans l'œuvre de Pascal ; mais elle frappe moins encore par son isolement que par son mérite. Une abondance d'idées condensées, dont le développement donnerait des volumes, des aperçus d'une justesse, d'une profondeur et d'une originalité surprenantes ; les demi-confidences d'un cœur épris, qui profite de sa passion en philosophe pour porter la lumière dans un des recoins les plus mystérieux de la nature humaine, un style sobre, concis, nerveux, qui ne réussit pas toujours à dissimuler les éclats mal contenus d'un violent transport : telles sont les qualités qui font de cette esquisse un morceau de la plus haute valeur.

La mort n'est pas une loi de la nature comme l'ont cru les philosophes, mais une expiation de la faute originelle ; c'est le couronnement d'un sacrifice, qui commence avec la vie, et que Dieu arrête, pour chacun de nous, à un instant fixé de toute éternité par son immuable sagesse. Si l'on peut espérer que le sacrifice d'un chrétien soit accepté, comme le fut celui de Jésus-Christ, la mort n'est plus la mort, mais le commencement de la vie. Il ne faut donc point se désoler en païens de ce qu'un père a consommé son sacrifice, mais prier pour lui, et, par-dessus tout, vivre comme il conseillerait de le faire, s'il était encore en ce monde. Telle est, en substance, la *Lettre sur la mort de M. Pascal le père*. Peut-on concevoir qu'un homme, qui écrivait de ce style en 1651, ait eu besoin d'une bien grande conversion en 1654 ?

L'*Entretien sur Epictète et Montaigne* a été conservé de mémoire par Fontaine, le fidèle secrétaire de M. de Saci. Pascal loue dans Epictète ce vif sentiment de piété, qui le distingue si fort des autres stoïciens, et le courbe continuellement sous la main de Dieu. Il le blâme d'avoir exalté l'orgueil de l'homme, en répétant tous les vieux paradoxes du stoïcisme sur l'indépendance et la félicité du sage. Dans Montaigne, ce doute universel, qui s'arrête devant la foi seule (Pascal en croit Montaigne sur parole), est loin de lui déplaire. Il lui reproche d'avoir incliné par nonchaloir à la basse morale des épicuriens. Dans l'homme, l'un n'a vu que la grandeur, l'autre que la bassesse. L'Evangile leur eût montré dans Jésus-Christ la bassesse et la grandeur réunies. Pascal est déjà là tout entier. Quant à l'excellent de Saci, il répond invariablement à tout par quelque citation de saint Augustin.

Dans la *Conversion du pécheur,* nous trouvons apparemment l'histoire de la révolution morale qui, à deux reprises, s'était opérée dans Pascal. Lorsque Dieu s'est choisi une âme, il l'inquiète d'abord sur la valeur de ce qu'elle aime. Bientôt convaincue du néant de ses affections, elle aspire au bien véritable, qui se reconnaît au double caractère de durer autant que nous et d'être ce qu'il y a de plus aimable. A ce compte, ce ne peut être que Dieu lui-même, qui, à la grâce de s'être découvert, ajoute la faveur d'appeler et d'attirer à lui.

Les premiers chrétiens, longuement préparés à recevoir le baptême, abandonnaient un monde dont ils s'étaient désabusés pour entrer dans une religion dont on les avait suffisamment instruits. Pour le salut de ceux qui n'arrivent point à l'âge adulte, l'Eglise a dû conférer le baptême immédiatement après la naissance. Mais son indulgence maternelle ne saurait dispenser du devoir de s'instruire. Tel est le sens de la *Comparaison des anciens et des nouveaux chrétiens.*

Les *Discours sur la condition des grands* sont adressés à quelque jeune élève de Port-Royal, sans qu'on puisse dire lequel. En voici à peu près le résumé : Le hasard, les institutions humaines et la grâce de Dieu font les grands. *Leur âme et leur corps étant indifférents à l'état de batelier ou à celui de duc,* ils doivent se comparer eux-mêmes à un roi qui devrait sa couronne à quelque ressemblance que ses sujets lui auraient trouvée avec leur ancien roi disparu. Il y a d'ailleurs une grandeur d'établissement et une grandeur naturelle. La dernière, rare chez les grands, peut se trouver chez les petits ; et la première assure tout au plus aux puissants de vaines marques de déférence, très-compatibles avec un mépris réel.

Enfin, les *Lettres à Mlle de Roannez* pourraient être appelées des lettres de direction. On l'affermit dans son dessein de fuir le monde ; on la plaint des difficultés qu'elle y trouve et l'on s'en inquiète ; on l'instruit, à mots couverts, des projets, des alarmes, des triomphes de Port-Royal ; on la met enfin en garde contre les accusations de schisme dont le poursuivait dans l'ombre la haine de ses adversaires.

Il nous reste, pour finir, à présenter quelques considérations sur le caractère de Pascal comme penseur, et sur son mérite comme écrivain.

Au premier abord, on se trouve surpris et même un peu dérouté par la multitude d'éléments divers, sinon disparates, qui se pressent dans cette étonnante nature. Un esprit du premier ordre, un méditatif précoce, un géomètre rassasié de science et de célébrité avant vingt-cinq ans, un chrétien toujours convaincu, fervent de bonne heure et vers la fin dévot, un janséniste des plus conséquents, un philosophe qui va d'Épictète à Descartes, pour suivre enfin Montaigne dans son pyrrhonisme, un malade toujours en présence de la mort et qui, depuis l'âge *de dix-neuf ans, ne passa pas un jour sans souffrir,* une âme à peine maîtresse du feu qui la consume, sujette, malgré qu'elle en ait, à quelques accès de misanthropie, ennemie des procédés vulgaires jusqu'au dédain et des raisons banales jusqu'au paradoxe : voilà ce qu'un peu d'attention suffit à découvrir dans l'auteur des *Provinciales* et surtout des *Pensées.*

Il ne faut pourtant pas s'y méprendre. Ces qualités sans doute demeurent assez distinctes pour être isolées par l'analyse, pour produire tous les bons effets d'une variété désirable, pour engendrer même des conflits, qui ne sont pas la moindre part d'une originalité, unique dans l'histoire des lettres. Néanmoins, il y en a une, dans le nombre, qui s'élève au-dessus de toutes les autres, les maîtrise, les ploie à son service, au besoin les fausse ou les rompt violemment. Cette qualité maîtresse, qui imprime à tout le reste une unité supérieure de tendance et de direction, c'est la foi.

Pascal fut toujours un croyant. La fréquentation passagère de quelques incrédules, assez réservés d'ailleurs, comme ils l'étaient encore à cette époque, ne put rien contre les leçons paternelles, l'influence des siens et l'exemple d'un siècle où les esprits les plus distingués s'honoraient de leurs croyances religieuses. Ses convictions ne firent que se fortifier avec les années, à mesure qu'il sentait son corps s'affaiblir, ses maux s'accroître et son terme approcher. « Il était chrétien, » dit M. Havet, « il devint dévot. » Il ne s'en tint pas là. Par une dernière évolution, qu'on ne saurait appeler un progrès, il devint janséniste, et janséniste assez convaincu pour ne reculer devant aucune des conséquences du système ; non, pas même devant la grâce gratuite, la prédestination, l'élection ou la réprobation arbitraires.

Et voyez maintenant l'action de cet élément prédominant sur les autres qualités de Pascal.

La science? Est-elle digne de tant d'efforts? N'est-ce pas trop déjà de s'en être occupé la moitié de sa vie? Quelques règles logiques, quelques procédés d'exposition, voilà ce qu'on peut raisonnablement lui emprunter. Elle ne vaut point par elle-même. C'est un auxiliaire, et rien de plus.

La philosophie? *Elle ne vaut pas une heure de peine.* Si elle a une certaine grandeur morale chez les stoïciens ; si, avec Descartes, elle a affranchi les hommes d'un respect aveugle pour les systèmes de l'antiquité, à quelles honteuses bassesses n'est-elle pas descendue dans l'école sensuelle d'Epicure? A-t-elle d'ailleurs rien établi de solide? Nullement. Il n'y a point de principes incontestables. « Point de sciences, mais des opinions; point de morale, mais des mœurs ; point de droit naturel, mais des coutumes (1). » Tout au plus est-il permis de faire quelque fond sur le cœur et les sentiments. Le pyrrhonisme est le vrai, pourvu qu'il s'arrête devant la foi, et Pascal ne s'aperçoit pas qu'il risque ici le coup désespéré dont parle Montaigne, qui consiste à se perdre pour perdre son adversaire.

La maladie? Il faut l'aimer; c'est la plus sûre marque de la bienveillance divine. La souffrance est la condition naturelle du chrétien. Les dignités, les honneurs, les biens de ce monde, le talent même, dons redoutables, si nous n'y voyons pas une pure faveur du ciel, et si nous en usons autrement qu'à la gloire de celui qui nous les a confiés.

A tort ou à raison, tel est le point de vue auquel ses convictions

(1) Edition Havet. Introduction.

ont maintenu ou élevé Pascal. Une fois qu'on est parvenu à s'y placer soi-même, rien de plus aisé que de comprendre et de juger son entreprise.

Cette entreprise, quelle est-elle? Celle au fond de toute la philosophie. Il s'agit pour Pascal de résoudre le problème de la destinée humaine. A quel titre sommes-nous en ce monde? Pourquoi y sommes-nous dans les conditions actuelles? Quel avenir nous attend après la mort? Telles sont les questions qu'il se pose avec l'universalité des philosophes. Mais au lieu que ces derniers, pour l'ordinaire, en demandent la solution à la raison naturelle, très-autorisée, Dieu merci! Pascal commence par déclarer cette raison suspecte et ne veut attendre de secours que de sa foi. La condition présente de l'homme, avec son cortége de défaillances et de misères, s'explique, à ses yeux, par la chute originelle. Nul ne peut s'en relever que par le mérite et la grâce de Jésus-Christ. Or (et c'est ici que le janséniste succède au chrétien), cette grâce est purement gratuite. Dieu l'accorde comme il l'entend, sauvant et perdant les hommes à son gré. Sa religion même est une occasion de scandale et de chute à ceux qui n'ont pas reçu le sceau de l'élection; il la fait claire à ses préférés, obscure, quoi qu'ils fassent, à ceux dont il ne daigne point assurer le salut. On dit des adversaires de la religion qu'ils ne raisonnent pas bien. C'est mal parler, au goût de Pascal. Le fait est qu'ils raisonnent comme il faut. Mais Dieu, qui est un Dieu caché, *Deus absconditus*, se dérobe à ces superbes, tandis qu'à leurs côtés, de plus humbles sont inondés de sa lumière. C'est à quoi servent surtout les figures de l'ancienne loi. L'alliance de Dieu avec Abraham, la terre promise, les sacrifices, le temple, les captivités ne doivent point s'entendre au sens matériel. Dieu, qui en donne aux chrétiens la véritable intelligence, a permis que les Juifs y vissent, au contraire, des promesses de biens terrestres ou des menaces de maux temporels. En résumé, la religion chrétienne n'est pas seulement la vraie religion, mais la source de toute lumière. S'attacher à la foi, quand on a le bonheur de croire, s'humilier dans le cas contraire, pour que Dieu daigne nous éclairer, pratiquer ce que l'Eglise ordonne, espérer ce qu'elle promet, compter pour peu les afflictions de la vie présente et pour rien ses avantages : telle est la doctrine de Pascal.

Malgré ce qu'elle offre de grandiose dans son isolement hautain et un peu fanatique, nous n'avons garde de l'accepter sans réserves. En répudiant la raison, Pascal se ferme, avec tous les sceptiques, le champ des investigations ultérieures ; il ébranle tous les principes, livre l'humanité aux impulsions flottantes du hasard, pour le moins aux caprices de la sensibilité, et fait au cœur de la religion, qu'il prétend servir, une incurable blessure. En suivant à l'égard de la grâce les enseignements de Jansénius, il ôte à l'homme toute initiative, tout mérite, tout démérite, toute morale. C'est bien vainement qu'il essaie ensuite de conseiller, d'instruire, de relever cet automate incapable d'effort, de conseil, de prière, même de repentir. Non, avec de tels principes, Pascal n'a même plus le droit de nous dire : *Abêtissez-vous.*

Mais si le philosophe, dans Pascal, est loin d'être à l'abri de la critique, il ne s'en faut guère qu'en lui l'écrivain soit au-dessus de tout éloge.

Montaigne écrivait en tête de ses *Essais : C'est ici un livre de bonne foi.* Le mot serait peut-être encore plus vrai, appliqué à l'ouvrage qui nous occupe. Ce problème de la destinée humaine, que Pascal essaie de résoudre à sa manière, il ne se l'était point posé, comme tant d'autres, par désœuvrement, envie de briller ou nécessité de position. Jamais homme, on peut le dire, n'en a cherché la solution avec plus d'ardeur et presque d'acharnement. Son esprit, sa foi, son cœur, son expérience, sa vie, il y emploie tout ; il s'y dévoue tout entier.

Il en résulte immédiatement pour son style un caractère de sincérité, et, si l'on peut ainsi parler, de candeur incomparable. Pascal parle en un certain endroit de l'agréable surprise d'un lecteur qui s'attendait à trouver un écrivain et qui rencontre un homme. Cette surprise, il nous la procure constamment ; cet homme, on est toujours sûr de l'apercevoir en lui. Ce qu'il dit est la reproduction exacte de l'idée qui vient de traverser son esprit ; les émotions qu'il nous communique, il n'a pas encore fini lui-même de les ressentir. S'il travaille l'expression de sa pensée (les innombrables ratures de certains de ses manuscrits en sont une preuve manifeste), c'est afin de la rendre dans toute sa force, et non point, grand Dieu ! dans le dessein misérable de la revêtir des ornements d'une certaine rhétorique, pour laquelle il se sent au cœur un indicible dégoût. Il met son âme à nu devant nous. Sous nos yeux, nous le voyons *chercher en gémissant.* Il nous faut traverser avec lui toutes les phases de cette investigation aussi douloureuse qu'accidentée. Son livre a l'exactitude de l'histoire et le laisser-aller du soliloque.

Il en résulte encore comme un puissant courant de chaleur et de vie qui circule au-dessous de l'œuvre entière, et se trahit à chaque instant, malgré la réserve de l'auteur, par l'énergie des termes, l'étrange vivacité des tournures, l'élan et la soudaineté des exclamations. Lorsque la question à résoudre est de peu d'importance, ou qu'étant importante on ne s'y intéresse guère, ou qu'enfin par sa nature on est médiocrement accessible aux grandes émotions, alors ne vous attendez pas à voir paraître l'éloquence. Si, dans ce cas, elle n'était pas impossible, elle serait, ce qui est pire, hors de mise et déplacée. Mais quand on s'appelle Pascal, qu'on s'attache à l'être avec l'énergie du désespoir, et qu'il y va de l'anéantissement ou de l'immortalité, alors, quelques froids dehors que l'on affecte, il ne se peut que l'éloquence n'éclate point çà et là en jets d'autant plus vigoureux qu'ils ont été plus longtemps comprimés. Pascal a beau faire, avec une telle âpreté dans la recherche, ses lueurs d'espoir se changent forcément en transports d'allégresse, ses découvertes en chants de triomphe, ses échecs en cris d'inexprimable angoisse. Sans doute, cette éloquence est moins soutenue que celle de Bossuet, mais elle est plus poignante, et propre à faire une plus vive impression sur ces natures inquiètes, dont l'esprit s'est ouvert au doute, mais dont le cœur n'a pu se résigner à l'indifférence, le tempérament normal du sceptique.

Il en résulte enfin que l'individualité de Pascal doit se refléter et se reflète en effet dans son style, avec ses tendances, ses prédilections et les nombreux traits dont se compose sa physionomie. Le géomètre s'y manifeste par ce ton d'austérité rigide qui règne dans tout l'ouvrage, une préférence marquée pour les formes sévères de la démonstration, la préoccupation exclusive de l'idée, un mépris des coquetteries de style qui ne recule point au besoin devant le terme familier, voire même trivial. Le philosophe apparaît de temps en temps pour faire entendre une protestation timide en faveur de la raison proscrite, surtout pour buriner ces esquisses morales qui défient tout ce qu'ont pu faire d'excellent les meilleurs moralistes de profession. Le chrétien tourne avec effusion son cœur et ses bras vers Jésus-Christ, la vie et le salut. Par un effort extraordinaire de l'imagination, il le fait revivre de sa vie mortelle, gravit avec lui les pentes du Golgotha, assiste à son affreuse agonie et distingue, parmi les gouttes de son sang, celles que le Sauveur a versées à son intention. On sent l'adepte du jansénisme à ces hardiesses paradoxales, qui ont l'air de prendre en pitié le sens commun, à ces audaces, comme on l'a dit, d'un joueur assez sûr de ses coups pour vouloir à toute force rendre des points, à ces irrésistibles secousses qui anéantissent, sous les yeux de l'homme, ses plus chères idoles, et le jettent désolé mais vaincu au pied de la Croix. Le malade enfin n'a pu tellement dompter sa chair endolorie que de temps à autre il ne lui échappe un de ces gémissements aigus, qui ont fait dire que Pascal avait écrit ses pensées avec son sang.

On s'est demandé si nous avons beaucoup perdu à ce que le temps et les souffrances n'aient point permis à Pascal d'achever son entreprise. Certes, malgré les savants travaux de la critique moderne, les philosophes regretteront éternellement qu'il n'ait pu dire lui-même le dernier mot de sa pensée et la disposer en corps de doctrine. Mais quant à ceux qui professent le culte pur de l'art pour l'art, plus soucieux de la belle littérature que de la valeur intrinsèque des systèmes, il est douteux qu'ils aient beaucoup à s'en plaindre. D'excellents esprits estiment que Pascal de sa nature était peu propre aux compositions de longue haleine, qu'il était trop exigeant envers lui-même pour mener à bonne fin une œuvre de quelque étendue, que, par le fait, les *Provinciales* étant un recueil de lettres, il n'a laissé que des opuscules, et qu'enfin notre littérature, comptant déjà un si grand nombre d'œuvres accomplies, c'est peut-être une richesse de plus pour elle qu'un tel monument inachevé. Il n'y a rien d'exagéré dans cette opinion. Dans un ouvrage terminé, l'art, qui se dissimule, achève l'enchantement de l'esprit. Mais c'est bien quelque chose aussi d'avoir dans leur vivacité première et leur saveur native les conceptions qui pouvaient jaillir d'une âme comme celle de Pascal. On a peine à comprendre qu'elles fissent autant d'effet, enchâssées dans le développement régulier d'une composition parfaite. Isolées, éparses, disséminées comme des blocs énormes sur le sol, elles font éprouver cette émotion forte et triste qui saisit à la vue d'une immense construction, interrompue par la mort de l'architecte.

Pendent opera interrupta (1).

A. BARBUT.

Carcassonne, le 2 juin 1869.

(1) Virg., *Enéide*, IV. 88.

Toulouse, Imprimerie A. Chauvin et Fils, rue Mirepoix, 3.